JN440021

바람이나 인생이나

선중관 시집

# 바람이나 인생이나

# 서시序詩

우리의 삶이 강처럼 흐르다
때론 물풀을 만나고
때론 모래톱을 만나
잠시 주춤할지라도
바다로 향한 꿈은 버릴 수 없습니다

바다,
시인이 도달해야 할 바다는
넓고 광활한 대해라기보다는
은하수별처럼 반짝거리는
아름다운 시심詩心의 바다입니다

아침 안개의 장막 뒤에서
맑고 깨끗한 미소로 배시시
얼굴 내미는 산야山野
청량한 새소리와 시냇물 소리
이제 막 동터오는 햇살이 부끄러운 듯
수줍게 핀 들꽃,
그리고 풀,

잎사귀,
이끼,
밤이면 달맞이꽃과
휘영청 밝은 달의 열애가 시작되는
깊은 골짝 어느 풀 섶이
바로 시인이 도달하고 싶은
시어詩語의 바다입니다

그 바다로,
그 바다로 가려고
여기 또 한권의 시집을
방주方舟로 엮었습니다
이 작은 배를 타고
시심의 더 깊은 바다로 가고 싶습니다

흐르다 흐르다
물풀에 걸리고
모래톱에 길이 막혀도
필筆의 노 젓기를 멈추지 않겠습니다

# 헌시獻詩 · 1

- 시인 선중관

들녘의 작은 풀꽃에
눈을 맞추고
재잘거리는 새들의 노랫소리에
함께 젖어가는

자연은 언제나
그의 드넓은 시어詩語의 바다

그가 바라보는 자연은
언제나 경이롭고 새롭다네

오늘도
봄꽃 문 활짝 열고
잔잔한 물결 같은 시를 짓는
그 이름
선
중
관

# 헌시獻詩 · 2
- 시인 선중관

그대는
어둠이 내린 거리에
오색의 등을 켜고

앙상한 나뭇가지에
파릇한 새순을 피우며

메마른 가슴에
한 폭의 수채화를 그려내는

마르지 않는
언어의 옹달샘

* 한예인 시인이 선중관 시인에게

# 차례

■ 서시序詩
■ 헌시獻詩

## 제1부 사 람

산길 같은 인생길 / 15
홰를 치며 울어라 닭아 / 16
인간관계 / 18
바람이나 인생이나 / 20
중년 남성 / 22
중년 여인 / 24
나이 먹어 좋은 일 / 26
아내 / 28
남자의 의식 구조 / 29
여자 / 30
잉태 / 31
이순耳順 / 32
살아 있음에 / 33
아줌마 / 34
참 스승 한 분 모시고 살자 / 36
아름다운 새 생명 / 38
절뚝거리며 차는 공 / 40

## 제2부 마 음

43 / 조금은 모자라는 듯
44 / 겨울엔 눈(雪)처럼
45 / 추년秋年도 사람이더라
46 / 마음은
47 / 당신의 생일을 축하합니다
48 / 6월을 보내는 마음
49 / 9월을 보내며
50 / 윤리와 도덕과 본능 사이
51 / 그 무엇
52 / 억새밭
53 / 환청
54 / 길을 거닐다
55 / 9월에는
56 / 가을편지
57 / 5월의 시詩
58 / 비가 내리네
59 / 달력을 떼어먹는다

## 제3부 사 색

강변에서 / 63
가을비 / 64
씨앗 / 65
라일락꽃이 필 때면 / 66
아카시아꽃 필 때면 / 68
햇볕냄새 / 69
들풀 같은 정사情事를 벌이겠다 / 70
사랑은 / 72
툭 / 73
유리창 / 74
그날 / 75
새벽 꿈결에서 / 76
낙엽 / 77
묵은해여 안녕 / 78
카카오스토리 / 80
이상한 감정 / 81
마스크 / 82

## 제4부 산

85 / 자연은
86 / 산은 정직해서 좋다
87 / 산은 과묵해서 좋다
88 / 산은 우정이 있어 좋다
89 / 산은 장엄해서 좋다
90 / 산은
92 / 강촌 강선봉에서
94 / 월악산 영봉에 올라
96 / 제비봉에서
98 / 용봉산에 가보라
100 / 북바위산에 올라
102 / 양주 불곡산에서
104 / 단풍에 취해 물에 취해
106 / 삼악산 등선봉에 올라
108 / 여성봉女性峰
109 / 1월 산에서
110 / 2월 산에서

## 제5부 꽃

개나리꽃 / 113
생강나무꽃 / 114
제비꽃 / 116
비와 매실꽃 / 117
진달래, 그 그리움 / 118
벚꽃 / 120
자목련 / 121
국수나무꽃 / 122
덜꿩나무꽃 / 124
때죽나무꽃 / 126
무궁화꽃은 꽃이 아니라 혼魂이다 / 128
개망초꽃 / 130
달개비꽃 / 132
밤꽃 / 134
누리장나무꽃 / 136
까치수영꽃 / 138
노린재나무꽃 / 140
억새꽃 / 142

‹‹‹ 제 1 부

# ㅇ 사 람

살아 있음에 비바람도 맞는 것이며
시련도 겪는 것 아니겠는가
옷깃을 스치는 작은 바람 한 점도
내 존재를 확인시키는 고마움이니
감사함으로 부딪쳐 볼 일이다

# 산길 같은 인생길

고개 하나 넘고 나면
또 다른 고갯길
산모퉁이 돌고 도는
굽이진 산길
비탈길 지나 둔덕
둔덕지나 산정
힘겹게 산을 오르면
이내 내려와야 하는 정상頂上

넘고 나면
또 한고비 기다리는
산길 같은 인생길

# 홰를 치며 울어라 닭아
- 닭의 해에 부쳐

닭아
주님 제자 베드로를 깨웠던 닭아
그 펄럭이는 날갯짓으로
홰를 치며 힘차게 울어라

온 천지가 진동하도록
울대를 쳐들고 소리 높여 울어
이 땅에 잠자는 영혼들
나태하고 게으른 심령을
어서
어서 깨워다오

날이 밝았건만
암흑의 늪에서 깨지 못한
어둠의 자식들을 깨우고

아직도 당파, 계파 싸움에
툭하면 좌우 편을 가르고
이념대립과 지역갈등을 일삼는
저 낡은, 정치인들의 의식을 깨우고

온갖 부정부패를 일삼고
이권과 청탁에 눈이 먼
탐관오리貪官汚吏들의 양심을 깨워다오

나밖에 모르는 이기주의
잘못을 저지르고도
눈 하나 깜짝 않는 파렴치
작은 일에도 욱하고 성내며
사람을 해하는 잔인과 폭력
불의를 보고도 못 본 척 눈감고
약자에게 군림하는 갑질
타협할 줄 모르고
용서할 줄 모르는
독선과 아집의  깊은 수렁의 잠에서
저들을 깨워다오

닭아
홰를 치며 울어라
울어라 닭아

# 인간관계

인간관계란 거울과 같아서
상대방은 내 모습을 반영反映한다
곱고 예쁜 모습으로 다가서면
그도 곱고 아름답게 다가오고
못나고 쪼잔하게 다가서면
그도 그런 모습으로 다가오는 법

인간관계는 저울과도 같다
내가 주는 만큼의 무게로 다가오기 때문이다
듬뿍 사랑을 안기면
가슴 벅찬 사랑의 무게로 되돌아오고
무한한 신뢰와 믿음으로 다가서면
상대방 역시 든든한 우정의 무게로 다가온다

인관관계란 그런 것이다
내 하기 나름이나니
내가 좋으면 다 좋은 것이고
내가 나쁘면 그도 나쁜 것이다
내 성격이 모나고 거칠면서

상대방이 잘해 주길 바라는 것은 욕심이다
상대가 내게 잘못한다고 하여
서운해 할 필요도 없다
내가 무엇인가 그에게 덕이 되지 못하였기에
그대로 되돌아오는 것일 뿐

그러므로
내가 먼저 손 내밀고
내가 먼저 다가서고
내가 조금 손해 보자
세상엔 몹시 나쁜 사람도 없고
이유 없이 아주 좋은 사람도 없다
다 내 하기 나름이며
내 행위가 거울이 되고
내 마음 씀씀이가 저울이 되나니
자로 잰 듯 각박하게 접근하지 말고
이왕이면 가슴 한 번 터놓고
뜨거운 심장을 보여주자

# 바람이나 인생이나

바람은 스치듯 지나쳐
미련을 두지 않는다
거센 대풍으로 분다 해도
결국엔 머무는 바 없이
지나는 것이 바람이다

그렇다면
우리 인생도 바람이 아닌가
나름대로 온갖 직위와 명예와 권력을 쥐고
한 세상 풍미하지만
결국엔 다 놓고 가야 하는 인생
잘난 자나 못난 자나
배운 자나 못 배운 자나
가진 자나 못 가진 자나
스치듯 지나는 바람이다

인생은 다 바람이다
회잉이 스치는 것이 바람이라면
홀연히 왔다 가는 인생도 바람이다

종말엔 한 줌 흙으로 돌아갈 것이니
저 들녘을 스치는 바람과 무엇이 다르리
언제까지 머물 것으로 착각하지 말자
잠깐 스쳐 지날 인생
바람이나 인생이나

# 중년 남성

중년 남성은
해질녘 붉게 타오르는 노을입니다
이글이글 작열하게 타오르다
그 정점에서 힘을 발산하는 황홀의 경지
중년 남성은 바로
서녘 하늘을 벌겋게 물들이는 노을입니다
삶의 거친 풍파를 헤쳐 나온 열정
가족을 부양해야 했던 책임
그 모든 이력이 어깨 위에 훈장처럼 빛나는
불타는 황혼빛 노을입니다

중년 남성은
계곡을 도도히 흐르는 물살입니다
머문 듯 고요히 흐르다가도
깊이를 알 수 없는 용소龍沼에선
휘몰아쳐 요동치는 개울물입니다
그리움, 고독, 사색 따위는
물결에 띄운 듯 담담해 보이지만
어느 용소에서 소용돌이치고 일어날지 모를

중년 남성은 아직도
급류로 흐르는 계곡의 물살입니다

중년 남성은
그 자체가 남성의 상징입니다
풋풋했던 청년의 젊음과
활발했던 장년의 장점을 두루 섭렵한
노련하고 중후한 신사입니다
노을빛 내려앉은 들녘 스치는 바람결에도
마음 흔들리는 감수성
가로등 아련한 골목에서 홀로 외로움 타는
중년 남성은 아직도
사랑이 갈급한 남자입니다

# 중년 여인

중년 여인은 숲으로 난 오솔길과 같습니다
말끔하게 다듬어진 길은 아니어도
가까이하면 할수록 빠져드는
피톤치드향 가득한 숲길입니다
그 길은 한 번 들어가면 나오고 싶지 않은
사색의 길이며 감성의 길입니다
온갖 들꽃이 만개하여 여운이 짙은
고요한 삶의 뒤안길 같은 여인입니다

중년 여인은 향기 짙은 가을꽃과 같습니다
벚꽃이나 목련처럼 화사한 꽃은 아니어도
보면 볼수록 청결하고 기품 있는
국화 향기 그윽한 가을꽃입니다
가을꽃은 한 해의 끝자락 짧은 햇살을 받으며
알차게 꽃을 피우기에 중후하고 우아합니다
함부로 다가갈 수도 없지만
지성과 배려의 포용력을 갖춘 여인입니다

중년 여인은 아름다움 그 자체입니다

중년 여인의 원숙미는 꽃보다 아름답습니다
살아온 연륜의 깊이가 잔잔한 호수와 같고
인고의 날을 거친 몸가짐은 기풍이 있습니다
진정한 아름다움이란 세월이 훑고 지난 물결이어서
눈가의 여울진 잔주름이 어찌나 고운지
중년 여인의 무르익은 몸에선 성적 매력까지 풍겨
아름다움 삶 그 자체입니다

# 나이 먹어 좋은 일

나이 먹는 일이 참 아름답다
젊었을 땐 모나고 까칠하던 성격이
이젠 부드럽게 변하였고
별일 아닌 일에 혈기로 대하던 성격이
"그래 그럴 수도 있어"라는 이해심이 앞서고
안절부절 조바심 많던 내가
이젠 오래 기다릴 줄도 알고 되었고
어지간한 어려움은
결국 시간이 해결 해 줄 것임을 알게 되었다

좋은 걸 보면
다 갖고 싶던 욕심도 많이 사라져
내 것이 안 될 건 일찍 포기할 줄도 알고
작은 것도 그저 감사하게 되었고
여자를 대할 땐 성욕부터 일던 욕정이
이젠 자제할 수 있게 되었고
사랑하는 사람의 모든 것을 다 갖지 않고
멀리서 지켜보는 것만으로도
멋진 사랑을 할 수 있음을 알게 되었다

아,

나이 들어간다는 것이

이렇게 홀가분하고 좋을 줄이야

# 아내

아내 없는 날
밥솥에 밥이 가득해도
밥 한술 찾아 먹지 못하는
이 서투른 인생을
거둬 먹이고
빨래해 입히고
아이까지 낳아준
밑진 인생
손해만 보고 사는
바보스러운 여자

# 남자의 의식 구조

여자는 남자를 잉태하는 과정을 갖는다
남자는 여자를 잉태하는 과정을 갖지 않는다
여자의 몸을 통해서만 출생이 가능한 남자
어쩜 이 사실은
남자가 끊임없이
여성의 자궁을 그리워하는 이유일 테지
Sex와 잉태와 출산의 생명 고리

남자의 의식 구조 속에 자리한
여성 속으로의 회귀본능
끝없이 끝없이
도달하고 싶은
거룩한 몸부림.

# 여자

이 세상에
어느 화려한 꽃이 여자만 할까
어느 새의 깃털이 여자의 맵시만 할까
백목련이 그 우아함을 뽐낸 들
공작새의 깃털이 제아무리 화려한 들
여자의 아름다움만 할까

여자로 태어나
아내로
엄마로 살아가는 세월
가냘프고 여린 여자가
아내가 되고 엄마가 되었을 때
그 강인한 생활력의 바탕은 희생이다

눈물로 자식을 키우고
억척스럽게 가정을 일궈가는
아,
그 이름 여자
이 세상 무엇과도 비교할 수 없는
고결하고 숭고한 존재

# 잉태

탐스러워라
둥근 달덩어리
볼록
벙글어지는
꽃봉오리

사랑으로 뿌린 씨앗
희망의 꽃으로 피어
나날이 차오르는
신神의 은총
약속의 열매
아름다운 새 생명

# 이순耳順

진정 귀가 열려
세상의 소리를 듣게 되고
듣는 대로 이해할 수 있는 시기라 하니
아, 이 또한 기쁨이다

귀를 처닫고
남의 말에 귀 기울이려 하지 않고
조금의 섭섭한 말만 들어도
마음의 귀를 닫아걸던
무지한 세월이 가고
이제 가당치도 않은 어설픈 소리를 들어도
"그래 그럴 수 있어"라며
너스레를 떨 만큼 여유가 생겼으니
이순의 나이
참 좋다.

# 살아 있음에

산이 거기 있듯
나무가 땅을 움켜쥐고 서 있듯
존재하는 건 다 눈비 맞고
바람에 흔들리며 실존하는 법

인간도 무에 다르리
한 그루 나무처럼
솟구친 산처럼
때론 눈비 맞으며
때론 바람에 흔들리며
의연하게 살면 되는 것을

탓하고 노여워 말자
불평하고 짜증 내지 말자
살아 있음에 비바람도 맞는 것이며
시련도 겪는 것 아니겠는가
옷깃을 스치는 작은 바람 한 점도
내 존재를 확인시키는 고마움이니
감사함으로 부딪쳐 볼 일이다

# 아줌마

여자의 이름 중
아줌마라는 이름만큼 정겨운 이름은 없습니다
아줌마라는 이름 속에는
여성의 특성이 다 녹아 있어서
그 이름 자체가 눈물겹도록 아름답습니다

아줌마는
아기 주머니를 가지고 있는 엄마입니다
언제든지 아기를 잉태할 수 있는
성적으로 완숙한 여인입니다

아줌마는
가족의 행복을 위해 극성스러운 모성입니다
한 푼이라도 아끼기 위해 물건을 깎고
알뜰하게 가족의 건강을 챙기는 모성본능

아줌마는
아가씨 땐 없었던 억센 힘이 있습니다
어지간한 살림살이는 들었다 놨다 할 수 있는

두툼한 팔뚝을 가진 억척 여사입니다

아줌마는 더 이상
가냘프고 연약한 여자가 아닙니다
그렇다고 바위처럼 무감각한 여자도 아닙니다
때론 조용한 카페에서 커피 한 잔 마시며
올드 팝에 젖어드는 분위기 타는 여자입니다
아줌마도 사랑을 할 수 있고
멋진 남성을 보면 가슴 설레는 여자입니다
여고 동창을 만나면
시간 가는 줄 모르고 수담을 나누며
하하 호호
웃음꽃 피우는 영원한 소녀입니다

# 참 스승 한 분 모시고 살자

- 스승의 날에 부쳐

배울 것도 많고
알아야 할 것도 많은 세상에
배움의 길 이끌어 주신 분
스승님

삶의 선각자로서
축적된 지식을 전수해 주시고
깨우침의 문을 열어 주신 분
그 은혜 고마워라

우리의 가슴에
그 참 스승 한 분씩 모시고 살자
갈 길이 보이지 않을 때
이럴까 저럴까 판단이 서지 않을 때
정의로운 길에 선뜻 나서지 못할 때
겸허하게 자문을 구할
참 스승 한 분
가슴에 모시고 살자

그리할 때
나 또한 누군가의
스승이 되리니

# 아름다운 새 생명

- 손녀 지안에게

2015년 4월 10일 오후 5시
온 천지에 봄꽃 화사하게 핀 맑고 화창한 날
한 송이 아름다운 꽃으로 태어난
어여쁜 지안아

온 가족의 설렘과 기대와 축복 속에
네가 태어나던 날
황사로 뿌옇던 하늘도 맑게 걷히고
네 출생을 환영하는 듯
벚꽃 이파리 반짝반짝 휘날렸지

사랑하는 지안아
무럭무럭 자라거라
시냇가에 심은 나무가
사시사철 가뭄을 모르고 푸르게 자라듯
슬기롭고 건강하게 자라거라

살다 보면 벽도 만나고 절벽도 만나겠지만
그럴 때마다 번쩍이는 지혜와 재치로

위기와 난관을 극복하고
하나님의 지혜를 구하는 지안이가 되어라

엄마 아빠, 그리고 온 가족은
아름다운 새 생명
지안이의 앞길을 축복한다

# 절뚝거리며 차는 공

우리 모두 공을 차고 있네
축구 선수라도 되는 양 신명나게
우리 모두 절뚝거리며 공을 차고 있네
자신만의 공을 하나씩 드리블dribble하여
골문을 향해 절뚝거리며 차고 있네
골인은 힘든 줄 알면서도
절뚝거리며 공을 차고 있네
보수 진보 단체들은 좌우 이념의 공을
정치인들은 기득권이라는 공을
노동자들은 최저임금이라는 공을
이 나라 대한민국 땅이 온통 축구장이 되어
좌우左右 편을 가르고
빈부貧富 편을 가르고
노사勞使 편을 갈라
심판도 없는 축구장에서
각자 자신의 공을 절뚝거리며 차고 있네
공,
공,
공을 차고 있네

‹‹‹ 제 2 부

# ◦ 마음

매우 완벽하여 흔들리지 않는 마음보다는

어디 한구석 나사가 풀린 듯

느슨해 보이는 마음이 보기에 좋다

# 조금은 모자라는 듯

조금은 모자라는 듯
꽉 채우지 않아도 좋은 것이 있다

마음이다
빈틈없이 빽빽한 마음보다는
조금은 여유롭게
비어있는 듯 헐렁해야 정스럽다
매우 완벽하여 흔들리지 않는 마음보다는
어디 한구석 나사가 풀린 듯
느슨해 보이는 마음이 보기에 좋다

그러므로 꽉 채우려 하지 말자
완벽의 성城을 쌓지도 말자
마음 한 자리 빈 채로 남겨놓아
누구든 외로운 마음
내 속에 깃들길 원한다면
주저 없이 들어와
포근히 쉬어갈 수 있도록
마음자리 한구석 남겨 놓을 일이다

## 겨울엔 눈(雪)처럼

겨울엔
소리 없이 내려앉는 눈처럼
침묵을 배우자

저렇게 조용히
유난스럽지 않게 사뿐히 내려와
지상의 온갖 치부를
하얗게 덮어버리는 눈

말하지 않아도
소리 내고 표현하지 않아도
침묵은 때론
깊은 의미를 부여하는 언어가 된다

겨울엔
그 눈의 침묵을 배우자
소리 없이 내려 세상을 감싸는 눈처럼
침묵으로 조용히
세상을 감싸 안는 법을 배우자

# 추년秋年도 사람이더라

그랬다
내 나이 사십 대에는
여자나 남자나 오십이 넘으면
사람도 아닐 거란 생각을 했다

그런데 막상 내 연륜이 쌓여
지천명知天命을 지나
이순耳順의 문턱에 들어서니
지금 삶이 더 깊고
지금 내 모습이 더 알차고
지금 사랑할 사람이 더 많다는 것을
알게 되었다

아, 주체할 수 없는
내 추년秋年의 아름다운 삶이여
눈물겹고 애틋한 내 사랑이여
나이 들어가는 것도 아름다워라

# 마음은

마음은 진흙과 같다
보드랍고 유연하지만
어떻게 빚느냐에 따라
아름답게,
혹은 추하게,
조각될 수 있기 때문이다.

# 당신의 생일을 축하합니다

당신의 생일을 축하합니다
이 세상 둘도 없는 그대
천하보다 귀한 단 한 사람
당신의 생일을 축하합니다

생일 맞은 당신을 사랑합니다
세상에서 가장 귀중한 그대
무엇과도 바꿀 수 없는 사람
생일 맞은 당신을 사랑합니다

당신의 생일을 축복합니다
아름답고 소중한 그대
우리에게 행복을 주는 사람
당신의 생일을 축복합니다

# 6월을 보내는 마음

6월 달력을 떼어내었네
한 해의 절반이 이렇게
속절없이 무너지고
달력 속에 새겨놓았던
소중했던 일정들
그 생때같은 시간도
쓰레기통에 폐기처분 되었네
6월은 가고
상념은 남고
작은 인연도 놓지 못하는
내 고된 습성으로 인하여
달력 떼는 일이 큰 아픔으로 다가와
명치끝을 아리게 하네

# 9월을 보내며

9월이 가고 있다
가을인 듯 다가왔지만
여전히 여름 끝자락이었던 9월

어느 달이든
스치듯 지나는 세월인데
떠날 때의 아쉬움이 왜 없겠느냐만
9월은 유독
가슴 한쪽 도려내는 아픔이 남는다

여름도 가을도 아닌 계절의 중간에서
시간적 여유를 누릴 수 있었던
그 9월을 보내야 하기 때문이다

그래 9월, 가거라
보내는 마음자리에
조급증과 목마름
아쉬움의 긴 여운이 남겠지만
그렇게 또 가고 오는 세월인 것을

# 윤리와 도덕과 본능 사이

사람으로서 마땅히 지키거나 행해야 할 도리와 규범이 윤리라면, 인간이 지켜야 할 바람직한 행동규범이 도덕이라면, 인간은 처음부터 잘못 만들어진 존재일까. 윤리와 도덕이 사람의 본능을 옥죄고 있는 것일까.

끊임없이 솟구치는 욕망과, 잠재울 수 없는 탐미의 꿀통에 빠져 허우적 되는 이 본능. 나는 자주 윤리와 도덕과 본능 사이에서, 조금 더 본능 쪽으로 기운 내 모습을 바라보며 쓴웃음을 짓곤 하네.

# 그 무엇

돌개바람처럼 거세게 불어오는 것이 있다. 바람은 아닌데 바람처럼 느껴지는 그 무엇. 차라리 바람이라면 모퉁이로 피해 바람이 지나가길 기다리면 될 터이지만, 이것은 피부로 느낄 수 없는 격렬한 그 무엇. 바람은 아니지만 바람처럼 거세게 다가와 내 몸뚱이 세포를 열고 구석구석 침투해 머릿속까지 하얗게 휩쓸고 지나는 그 무엇.

귀를 막고, 눈을 가리고, 생각의 폭을 좁혀 나를 백치처럼 단순의 세계로 몰아가는 그 무엇. 바람이 아닌데 바람이라 불리는 아, 미친 그 무엇.

# 억새밭

저 유연한 춤사위
바람결에
일제히 출렁이는
풀 섶의 군무

억새 춤추는
저 은물결 속에서
대책 없이 흔들리는
내 마음

# 환청

*짱아를 쫓던 그 자리에 갈참나무 한그루가 늙어가고 그때 그 아이들도 반백이 되었는데 옛 아이들 풀어놓은 떠들썩한 음성은 풀 섶 가득 그대로 있네.

* 짱아 : 어린 시절 잠자리를 짱아라 했음

# 길을 거닐다

길을 걷다 눈에 익은 골목길을 만났다. 어린 시절 무던히도 뛰놀던 동구 밖 비탈길을 닮았다.

지금은 별로 없는 돌담이며 나지막한 통나무 계단과 어둑한 나무그늘. 그곳에서 숨바꼭질, 깡통 차기, 딱지치기 놀이를 하고 놀았었지. 옛 기억 속의 길과 닮은 길을 만나 여간 반갑지 않다.

길은 추억이고, 기다림이고, 희망이다. 새록새록 떠오르는 옛 추억과 저 길을 나서 가고 없는 옛사람들에 대한 그리움, 그리고 기다림, 떠나간 사람들을 기억 속에서 꺼내어 다시 만날 날들을 예단해 보는 희망이다. 단순히 걷는 것을 뛰어넘어 삶의 뒤를 돌아보는 인생의 거울이 곧 길이다.

그 길을 걸어 떠나갔던 사람들이 불현듯 보고 싶다.

# 9월에는

9월에는
내 마음 밭 뜨락에
작은 우체통 하나 놓아두겠습니다
붉은 낙엽이라도 좋고
노란 가랑잎이라도 좋습니다
갈바람에 실려
내 작은 뜨락 우체통에
날아온 소식은 모두
기쁜 마음으로 받겠습니다
발신인이 없는 편지도
주소가 적히지 않은 편지도
내 마음 밭 뜨락
작은 우체통에 넣어만 주신다면
설렘으로 받아
허허로운 이 가을
내 마음 밭 뜨락을
희망으로 가득 채우겠습니다

# 가을편지

가을엔
편지를 쓰겠습니다
향기 진한 원두커피 한 잔 내려
노을 창가에 앉아서
저 산마루 짙게 내린
가을빛 밀어密語들을
불러 모아
한 편의 시詩 같은
고운 연서戀書를
밤새도록 엮어가겠습니다
언제부턴가 내 마음속에 두어진
별 같은 사람
그대에게 띄울
가을편지를

# 5월의 시詩

5월엔
저 산과 들의 푸름처럼
맑고 고운 시를 짓고 싶다
소리로 따지자면
저 청아한 새들의 조잘대는 소리로
색깔로 따지자면
산야에 넘치도록 펼쳐진
저 온갖 녹색의 색깔로
좀 더 욕심을 부린다면
나뭇잎을 헤치고 들어오는
눈부신 햇살을 한 움큼 훔쳐
그대로 내 시작詩作 노트에
풀어 놓았으면 좋겠다

5월엔 그렇게
온갖 자연의 언어와
숲의 색깔로
서정 넘치는 시를 짓고 싶다

## 비가 내리네

비가 내리네. 빗줄기 속에 빨려 들어가는 듯 빗속을 걷고 있는 내 모습. 남자가 비가 올 때 빗속을 거니는 것은 울고 싶어서이다. 차마 눈물을 보일 수 없는 울음을 울고 싶을 때, 남자는 대신 울어주는 빗물에 마음을 담그고 조용히 남모르는 눈물을 흘리고 있는 것이다. 빗속에 갇힌 이 아늑한 세상, 누구에게도 들키지 않을 내밀內密의 공간에서….

# 달력을 떼어먹는다

묵은 달력 한 장을 떼어먹는다
달이 바뀔 때마다
떼어낸 달력은
내 나이 주머니가 날름날름 받아먹고
세월의 무게를 쌓아간다

나이는 숫자에 불과하다는
그럴싸한 유행어가 있지만
쌓이는 연륜年輪과
그 태산 같은 무게는
어깨를 짓누르는 중압감으로 다가오고
월말이면 여전히
또 한 장의 달력을 떼어먹고
내 나이 주머니를
채워
간다

<<< 제 3 부

# 사색

살아 꿈틀거리는 역동의 숲
분粉 뿌리고 화접花蝶하며
자유로운 저 숲의 교배交配
무질서한 듯 보이지만
난잡하지 않은 사랑의 극치

# 강변에서

흐르는 물 위에
그리움이 흐르고
나뭇잎이 흐르고
물안개도 흩어져
점점이 흐르는데

강변에서 홀로 삭히는
내 속절없는 사유思惟는
가슴에 겹겹이 쌓여만 가네

# 가을비

마음 깊은 곳에
내를 만들어

그리움의 잔물결
흐르게 하는

사유思惟의
발
원

# 씨앗

어버이의 DNA와 정보를 모두 담고서
갈참나무 씨앗은 갈참나무로
때죽나무 씨앗은 때죽나무로
물푸레나무 씨앗은 물푸레나무로
오차 없이 자라는 놀라운 사실

씨앗을 반으로 쪼개보면 안다
그 속에 작은 싹이 잠자고 있는 것을
장차 큰 나무가 될 미래의 꿈이다
아무리 작은 씨앗이라도
씨앗은 다 이와 같아서
미래를 열어갈 꿈과 희망을 품고 있다

작은 씨앗도 이러하거늘
꿈과 희망을 품지 못한 사람 있거든
씨앗 하나 앞에 놓고
깨달음이 올 때까지
그 신비스런 내막을 살펴볼 일이다

# 라일락꽃이 필 때면

라일락꽃이 필 때면
몸살 앓듯 찾아오는 그리움,
그리움,
그리움,

연보라빛 소담스런 미소와
그윽이 퍼지는 고혹적인 향기
라일락 *오드뚜왈렛을 즐겨 사용하던
그녀의 가슴에선 언제나
라일락 향기가 은은하게 풍겼지

여인은 가고 없지만
라일락 닮은 그녀의 체취가
잔영으로 남아
라일락 피는 사월
가슴속 깊이 억눌러 놓은
오래된 감성의 병을 도지게 하네

* 오두뚜왈렛 : 향수를 흔히 '샤워코롱' '오두뚜왈렛' '오드퍼퓸' '퍼퓸' 이렇게 네 가지로 나누는데 샤워코롱이 제일 약하고 퍼퓸으로 갈수록 강한 향이 난다.

신체 가까이 가서야 바람결에 살짝 풍길 듯 말듯 풍기는 향이 오두뚜왈렛의 그윽한 향기이다.

# 아카시아꽃 필 때면

아카시아꽃 필 때면
어린 날 추억이 떠오른다

그날 그랬었지
아카시아꽃 휘늘어진 산비탈을
계집아이 하나랑 거닐면서
광주리 가득 꽃을 따 담아 주었어
꽃바구니 안기며 그만
물컹한 젖가슴을 스쳤을 때
얼굴 붉어진 까까머리 녀석
하늘이 노랗고 가슴이 방망이 치던
중학교 철부지 소년의 순애純愛
밤새 잠 못 이루던 그 초여름 밤

그 숲에서 나던 발정 같은 꽃냄새
그 아카시아꽃 향기
그때를 잊을 수 없어

# 햇볕 냄새

작열하는 태양
햇살이 눈부시게 내린다
햇살은 그냥 내리지 않는다
숲에 닿아선 풋풋한 숲 향을
강에 닿아선 신선한 물 향을 만든다
햇볕은 장소에 따라 그 내음을 달리한다
호젓한 오솔길에선
들풀과 잘 어우러져 향긋한 풀 향으로
빨랫줄에서는 빨래와 어우러져
풋풋한 양잿물 내음으로
그렇게 착착
우리 몸에 안긴다

자연이 내리는
정갈하고 깔끔한 향수
햇볕 냄새

# 들풀 같은 정사情事를 벌이겠다

자연에 들어
생동하는 숲의 기운을 느낄 때
나는 정사를 나누고 싶어진다
푸릇한 원초적 향내를 풍기는
들풀 같은 여인과
들바람 거센 숨결의
정사를 나누고 싶다
살아 꿈틀거리는 역동의 숲
분粉 뿌리고 화접花蝶하며
자유로운 저 숲의 교배交配
무질서한 듯 보이지만
난잡하지 않은 사랑의 극치
저 숲의 정기가 내 몸을 일깨워
아랫도리에서
불끈
힘이 치솟아 오르면
나는 그 본능을 억누르기 싫다
자연이 그러하듯
나도 자연스럽게

들풀 같은 정사를 벌이겠다
가장 아름다운
몸의
언어로.

# 사랑은

사랑은
불식간不識間에 찾아온다
맑은 날 궂은 날
기후변화와 환경조건에 상관없이
나이와 직업을 가리지 않고
도적처럼 불쑥 오는 것이니
마음속에서 솟구치는
화산 같은 것

그러므로 사랑에 빠지면
차오르는 열망을 제어할 방법은 없다
오는 사랑을 모른 체 외면하고
사랑의 중병을 앓던지
그냥 오롯이 사랑에 빠지는 것 외에
별 방법이 없으니
이왕이면 뜨겁게 한 번
사랑에 빠져볼 일이다

# 툭

나뭇가지에
매달린
마지막 잎새 한 장
툭

소리 없이
울부짖던
감나무 까치밥 하나
툭

여기저기
툭
툭

늦가을 주저앉는
저 소리
내 마음이 무너지는
소리

# 유리창

바람이 세차게 불거나
눈비가 올 때
사시사철 계절이 바뀔 때
유리창의 존재는 더욱 빛을 발한다
유리창 안에서
바깥의 변화무쌍한 모습을
오롯이 즐길 수 있으니 말이다

유리창은 시시각각
자연이 연출하는 행위예술을
값없이 관람할 수 있는
최상의 무대이다

# 그날

저물녘
어깨 가득 시름을 얹고
터벅터벅 언덕길
힘없이 걸어오시던
아버지

판잣집 단칸셋방 연탄아궁이에
펄펄 물은 끓는데
빈손으로 오신 아버지
고달팠던 내 아버지

아홉 식구 굶는 그날
배고픔보다 더 서러웠던 것은
막냇동생 좁쌀베개를 뜯고 계시던
어머니의 소리 없는 흐느낌
서러웠던 내 어머니

# 새벽 꿈결에서

농염한 안개에 가려
밤인지 새벽인지
미명은 사위四圍를 밝히지만
산허리는 깬 잠을 다시자고
다시 또 조는 듯 적막 속에 들고

수탉 홰를 치듯
숲의 정령이 건네는 꿈결 같은 아침 인사
달콤한 잠 깨어 바라본 세상은
사랑이고
은총이고
축복이고

# 낙엽

그것은
이별도 아니고
슬픔도 아닌

고결하고 아름다운
생生의
한
순환일 뿐

# 묵은해여 안녕

새 희망을 깃발처럼 내걸고
부푼 마음으로 출발한 지 엊그제 같은데
어느새 한해의 끝이라니
지난 시간은 이렇듯
흩어지는 안개처럼 덧없이
과거 속으로 사라지고 마는 것인가

어차피 가야 할 과거
붙잡을 수 없는 시간의 벽 앞에서
아쉬움을 남기고
후회를 말한들 무슨 소용 있으리
그 또한 부질없는 욕심일 터
묵은해는 미련 없이 보내야지

지난 한해 이렇게
살아온 것으로 흡족하다고
새로운 해를 맞아
새 출발을 할 수 있어 고맙다고
감사한 마음으로 손 흔들어 보내야지

잘 가
잘 가
묵은해여 안녕.

# 카카오스토리

이곳은 하얀 백색 공간
누구나 들어와
자기만의 그림을 그리고
자기만의 시와 산문과
꿈을 채색할 수 있는 곳
작가가 아니어도
예술인이 아니어도
자신의 개성을 표현할 수 있는
넓고 광활한 상상의 무대
퍼내어도 마르지 않는 정보의 곳간

이곳에서 이루어지는
우리의 사랑
우리의 인연
우리의 소통
아름답고 소중하여라

# 이상한 감정

그녀가 카카오스토리를 그만두었다. 아침저녁으로 찾아와 반갑게 인사 글을 남기고 사랑스러운 그림과 이모티콘을 날리고 가던 그녀.

막상 그녀의 발길이 끊기자 찬바람이 부는 것처럼 썰렁한 내 카카오스토리. 수많은 사람이 찾아오건만 그녀 한 사람의 자리를 채우지 못하는 것 같은 이 허허로움. 카카오스토리를 넘어 내 마음속에 그녀가 이리 큰 비중으로 자리 잡았단 말인가.

도대체 그녀에게 무슨 일이 생긴 것일까. 몸이 아파서일까. 직장 문제일까. 왠지 그녀가 카카오스토리를 그만둔 책임이 나에게 있는 것만 같은 이 무거운 마음.

# 마스크

마스크를 착용한 사람들이 거리를 활보한다. 돈 많은 회장님들과 권력가들, 비리가 들통 나 검찰청에 불려 다닐 때 수치스러움을 가리기 위해 마스크를 쓰고, 유행성 독감바이러스 침투를 막기 위한 용도로 사용되고 있다.

마스크는 참 좋은 도구이다. 남의 눈총과 수치심을 막아주고 바이러스까지 막아준다니 만능 용도임이 틀림없다. 이왕이면 제 속에서 나오는 반목과 대립, 불신의 독毒을 걸러 내어 보내는 역할까지 했으면 더욱 좋겠다.

‹‹‹ 제 4 부

# 산

마음이 허약할 때
도전 의식이 희미해질 때
가야 할 길 앞에 엄두가 나지 않을 때
저 장엄한 산에 올라
그 꿋꿋한 기상을 배워볼 일이다

# 자연은

자연은 조화의 멋을 보여주어서 좋다
산속에는 제멋대로 인 듯 보이지만
실상은 잘 정돈된 정원 같아서
바위가 있을 곳에 바위가 있고
물이 흐를 곳에 물이 흐르고
큰 나무 작은 풀꽃이 어우러져 숲을 이루고
숲은 작은 생명을 불러 품어 안으니
자연은 곧 위대한 예술가이며
생명의 요람이다

그 숲으로
사람이 다닐 만큼 길을 내 주어
신神의 예술을 탐닉하게 하니
자연은 참 좋은 벗이다

# 산은 정직해서 좋다

산은 정직해서 좋다
산은 아끼고 축적하지 않는다
모든 걸 드러내 놓고 내어주되
어느 목숨은 거두고
어느 목숨은 내치는 경우도 없다
산에 드는 모든 생명에게
안락한 보금자리를 내어주고
먹이를 제공한다
산은 기만과 술수를 쓰지 않는다
꽃피울 땐 꽃 피우고
열매 맺을 땐 열매 맺고
낙엽을 떨굴 땐 낙엽을 떨궈
맨몸으로 처연히 겨울을 보낼 뿐이다
유익 된다 하여 받아들이고
손해 볼 것 같아 내치는 법이 없다

# 산은 과묵해서 좋다

산은 과묵해서 좋다
주저리주저리 떠들지 않고
육중하고 무거워
입이 가벼운 우리에게 과묵을 가르친다
대풍에 가지가 잘려도
폭우에 살갗이 찢겨도
묵묵히 세월의 치유를 기다릴 뿐
요동하거나 떠들지 않는다

그러므로
산에 가서는 가벼운 말을
함부로 하지 말라
욕설과 비방과 험담은
나무가 싫어하고
바위가 싫어하고
새들도 싫어하나니
용기를 주는 말
사랑의 속삭임
희망을 주는 말만 하여라

# 산은 우정이 있어 좋다

산은 우정이 있어 좋다.
산은 사람과 자연이 하나임을 알게 하고
사람과 사람의 관계가 소중함을 알게 한다

산은 산 자체가 소박하고 진실하여
그 품에 든 사람들까지도
자연 본연으로 돌아가게 한다
산에 가면 미움이 없어지고
마음이 온화해지며 착해진다

미움이 없어지기 때문에
너와 나 사이에 간격이 줄어들고
진실한 인간적 대화가 꽃핀다
산에서 만나는 사람은 금세 친구가 되고
스치는 사람과 정답게 인사를 나누며
생면부지의 사람과 음식을 나눠 먹어도
전혀 어색하지 않으니
산이 우리를 온유의 사람으로 변화시키고
우정을 쌓게 한다

# 산은 장엄해서 좋다

산은 장엄莊嚴해서 좋다
깎아지른 암벽과 치솟은 기상
무엇으로도 범할 수 없는 위엄
연약한 인생들에게
대 자연의 힘을 보여준다

마음이 허약할 때
도전 의식이 희미해질 때
가야 할 길 앞에 엄두가 나지 않을 때
저 장엄한 산에 올라
그 꿋꿋한 기상을 배워볼 일이다

# 산은

산은
인간의 분수와 한계를 느끼게 한다
평소에는 따뜻하게 안아주는
어머니의 품과 같지만
인간이 자기의 분수를 모르고
준비 없이 도전했다가는
용서와 아량을 모르는
비정한 얼굴로 변한다
갑자기 폭우가 쏟아지고
난데없는 산사태가 일어나고
짙은 안개가 시야를 가리고
눈보라가 섞어 치면 추위에 생명이 위험하다
산은 인간의 분수와 능력의 한계를
준엄하게 인식시킨다

그러므로
우리는 산과 친하게 지내 되
산을 두려워할 줄 알아야 한다
분별과 능력과 준비 없이

산을 대하는 것은
산을 노엽게 하는 것임을 알아야 한다

# 강촌 •강선봉에서

검봉산 오르는 산비탈
험하고 가파른데
저 산 밑
굽이쳐 흐르는 북한강은
어찌 저리 한가로운지

몸은 된 땀 흘리며
산 고개를 넘고
마음은 물길 따라
강 언덕을 흐르네

수북이 쌓인 낙엽 위를
걸어가는 산 나그네
바스락바스락
부서지는 가랑잎
세월도 함께 부서지네.

• 강선봉(해발485m)은 강촌 검봉산(해발530.2m)에 속한 봉으로 그다지 높지 않은 산이지만 가파르고 험한 바위산이다. 밑으로 북한강이 흐르고 있어 조망이 아름답고 문배마을과 구곡폭포를 연계해 산행을 즐길 수 있다.

## 월악산 영봉에 올라

너덜길 지나
솔밭길 지나
가파른 비탈길을 오르고 올라
신령한 바위산
월악산 영봉에 힘겹게 도달하니
저 아래 수산리 송계리 마을이
연무 속에 아른거리고
충주호반 맑은 물이 실핏줄처럼
굽이굽이 산야를 적시고 있네

아,
저 아래 흐르는 능선들
깎아지른 암벽 위를 스쳐 가는 흰 구름
기기묘묘한 바위틈 사이사이
꽈리를 튼 소나무
어느 것 하나 신의 손길이
닿지 않은 곳이 없으니
월악산 영봉
너무 좋아라.

• 월악산(해발 1,097m)은 충청지방의 대표적 산으로 백두대간이 소백산에서 속리산으로 연결되는 중간의 위치에 있으며, 산세가 험준하고, 기암단애가 맹호처럼 치솟아 심산유곡과 폭포와 소 등이 어우러져 한껏 아름다운 경관을 자랑하는 산이다.

월악산은 1984년 12월 31일에 17번째 국립공원으로 지정되었다. 행정구역상으로 제천시, 충주시, 단양군, 문경시 4개 시·군에 걸쳐 있으며 북으로 충주호반과 청풍호반이 월악산을 휘감고, 동으로 단양8경과 소백산국립공원, 남으로 문경새재와 속리산국립공원과 같은 아름다운 자연경관으로 둘러싸여 있다. 월악산 영봉은 '국사봉'이라고도 불리며 예로부터 신령스런 산으로 여겨져 '영봉'이라고 불리어지고 있다. 월악산은 그 높이도 1천m가 넘는 높은 산이지만 험준하고 가파르기로 이름 나 있어 암벽 높이가 150m, 둘레가 4km나 되는 거대한 암반으로 형성되어 있는 산이다.

## 제비봉에서

제비봉에 올라
굽이치는 산야를 바라보니
눈 아래 펼쳐진 절세가경絶世佳景
아름답고 황홀해

거대한 수석덩어리
통째로 옮겨 놓은 깎아지른 산세
은비늘 번쩍이며
유유히 흐르는 충주호반
맑은 하늘엔 뭉게구름
점점이 흐르니
월악산 제비봉
더욱 좋아라

• 제비봉(해발 721m)은 충북 단양군 단양읍에서 서쪽인 충주호 방면의 단성면 장회리에 위치한 월악산 국립공원 내의 산이다. 월악산 국립공원 내의 단양팔경 중, 수상관광지로 유명한 구담봉과 옥순봉에서 동남쪽 머리 위로 올려다보이는 바위산이 바로 제비봉이다

주변에 단양팔경, 충주호, 고수동굴, 단양온천 등 관광지가 많아 등산과 함께 관광을 겸할 수 있다. 특히 제비봉 서쪽 골짜기가 바로 비경지대인 설마동 계곡이어서 산과 계곡, 호수 모두가 수려하기 그지없으며 가을 단풍철에는 그 경관이 극치를 이루고 산행 길목에 '오성암' 이라는 산사가 자리 잡고 있어 산행인들의 좋은 쉼터가 되고 있다.

제비봉이라 불리는 이유는 장회나루에서 유람선을 타고 구담봉 방면에서 이 산을 바라보면 충주호쪽으로 부챗살처럼 드리워진 바위 능선이 마치 제비가 날개를 활짝 펴고 하늘을 나는 모습처럼 올려다 보이기 때문이라 한다.

# •용봉산에 가보라

이 산 저 산
수려한 절경 빼어난 산이 많기도 하지만
용봉산만큼 아기자기 홍미로운
산이 어디 또 있을까
수암산의 오붓한 능선 길을 지나
용봉산 자락에 들면
오묘한 바위들의 군상과
깎아지른 기암괴석들
지나는 산나그네 탄성이 절로 나네
오형제바위, 병풍바위,
물개바위, 행운바위, 칼바위 등등
그 이름도 해괴한 산상의 수석공원

산에 가려거든
충절의 고장 홍성에 들러
용봉산에 먼저 가보라
전설 속 바위들이
도란도란 말을 걸어오는
그곳이 지상의 낙원 아니겠는가

• 용봉산(龍鳳山, 해발 381m)은 충청남도 홍성군 홍북면에 있는 산으로, 그리 큰 산은 아니며 험하지도 않으나 산 전체가 기묘한 바위와 봉우리로 이루어져 충남의 금강산이라 불릴 만큼 그 산세가 아름답다. 정상까지 산행하는 동안 수백 점의 한국화를 보는 듯 시시각각 풍경이 바뀌는 것이 용봉산의 특징이다.

남방향 중턱과 서편산록에 완만한 경사가 길게 펼쳐져 있고 요소요소에 소나무 군락이 자연발생적으로 있으며, 장군바위 등 절경과 백제 때 고찰인 용봉사와 보물 제355호인 마애석불을 비롯한 문화재가 곳곳마다 산재해 있다.

용봉산 정상에서 바라보는 예산의 덕숭산(수덕사), 서산의 가야산, 예당평야의 시원한 경치도 일품이다. 이름은 용의 몸집에 봉황의 머리를 얹은 듯한 형상인 데서 유래했다고 한다.

# •북바위산에 올라

울창한 숲을 헤치며 산을 오르니
허연 속살을 드러낸 기암괴석
그 위용을 뽐내고
바위 틈틈이 뿌리 내린 나무들이
오랜 세월 버텨왔을 생명력을 과시하고 있네

가파른 산길 여기저기
거북등처럼 쩍쩍 갈라진 적송이 맞아 주는데
몇백 년을 살아왔는지 가늠조차 할 수 없는
거대하고 장엄한 나무 밑에 서니
이 나약한 인생은 더욱 초라해 보이네

적송이 장승처럼 버티고 선 산길 바닥엔
굵은 소나무 뿌리가 꿈틀꿈틀 기어 다니고
꼬리진달래 수줍은 듯 떨고 선 숲 속으로
새소리 바람 소리 스치고 지나니
아, 산이 좋아라 숲이 좋아라

능선 너머 월악산 영봉이 한 눈에 들어오는데

영봉 위에 걸린 구름 갈 줄 모르네
서둘지 말라고
잠시 쉬어가라고
인생 뭐 별거냐고
유유히 흐르는 구름을 바라보라고

* 북바위산(해발772m) : 충북 제천시 한수면과 충주시 상모면의 경계에 있는 산으로 월악산국립공원 내에 속한 산이다. 높지는 않으나 기암절벽을 거느리고 있어 아기자기한 스릴과 재미를 느끼며 산행할 수 있는 곳이다.

만약 북바위산으로 성이 차지 않는다면 바로 옆 산 박쥐봉(해발782m)까지 등정해도 좋다.

# 양주 불곡산에서

양주 불곡산에 가면
오밀조밀
아기자기
바위들의 조각공원

여기저기 숨어있는
조각작품 찾으러
바위 타고 밧줄에 매달려
온 산을 헤매다 보니
시간 가는 줄 모르겠네

펭귄바위
물개바위
엄마가슴바위
코끼리바위
악어바위 등등
천연 돌조각이
반겨 맞아주는 불곡산
재미있어라

• 불곡산(佛谷山, 해발 470m)은 경기도 양주시에 있는 산으로 불국산으로도 불리운다. 불곡산은 그리 높지 않고, 산의 규모는 작고, 인근의 도봉산에 밀려 빛을 못보고 있으나, 기암들로 이어진 오밀조밀한 산세를 자랑할 뿐 아니라 교통이 편리하여 봄철이면 진달래가 장관을 이루어 사랑받는 산이다.

# 단풍에 취해 물에 취해

- *지리산 피아골에서

이 일을 어쩔거나
붉게 타오르는 저 계곡을
어디서 물감을 가져다
저 화려한 채색을 하였는지
흐르는 물에 붓을 담가
흩뿌려놓았는가
스치는 바람결로 색칠 하였는가
환장하도록 고운 저 빛깔
단풍에 취해
물에 취해
한없이 흔들리며 빠져드는
아,
아름다운 피아골
너무 좋아라

* 지리산(智異山, 해발 1,915m)은 남한에서 2번째로 높은 산으로 행정구역상 전라도, 경상남도에 걸쳐 있다. 방장산, 두류산, 삼신산이라고도 하며, 국립공원 제1호로 규모가 국내에서 가장 크다.

지리산은 수십여 개가 넘는 높고 낮은 산봉우리들이 굽이굽이 이어지며 부드럽게 펼쳐져 어머니의 품속처럼 포근함과 따스함을 느끼게 한다. 또한, 아름다운 계곡과 폭포, 담과 소는 계절별로 독특함을 보여주고 있으며, 지리산을 따라 남해로 이어지는 섬진강의 멋스러운 풍광도 지리산의 아름다움을 더해 주는 데 큰 역할을 하고 있다.

지리산은 노고단, 피아골, 반야봉, 세석, 불일폭포, 벽소령, 연하봉, 천왕봉, 섬진강, 칠선계곡의 절경이 지리10경으로 유명하며, 그 중 가을이면 피아골 단풍이 절경을 이룬다.

# •삼악산 등선봉에 올라

된비알 기어올라
삼악산 등선봉 가는 길
오르고 내리고
몇 개의 봉오리를 지났을까
칼바위 능선을 넘고
돌짝밭을 지나
험로를 걷다 보니
저 산 밑으로 흐르는 강줄기
가물가물 굽이쳐 흐르고
강 건너 검봉산은
거친 자태를 뽐내는데
옛 강촌 역사驛舍는 쓸쓸히
분주했던 옛날을 그리워하며
세월의 짙은 그림자를
강물에 띄우고 있네

• 삼악산(해발645m)은 강원도 춘천의 광주산맥에 속하며 용화봉(해발654m), 청운봉(해발546m), 등선봉(해발632m)의 세 봉우리로 이어져 있으며, 산정은 비교적 평탄하나 사방은 급경사로 기암괴석과 봉우리가 첩첩으로 있는 험준한 산이다.

북한강을 막아 조성된 의암호와 청평호의 상류가 삼악산 기슭을 에워싸고 있고, 기반암으로 이뤄진 계곡에는 등선폭포를 비롯한 수렴동, 옥녀탕 등 명소가 있다.

## •여성봉女性峰

도봉산 중턱에 벌렁 누워
자유롭게 벌린 저 음부陰部
은비늘처럼 빛나는 요염한 몸뚱이
도봉산이 왜 이리 장엄한지
왜 이리 드세고 기세등등한지
여성봉에 와보니 알겠네
세상의 기氣를 다 빨아들일 듯
당당하게 벌린 저 명기名妓와
밤낮 어우러져 정사情事를 벌이는 산山인데
어찌 기가 살지 않겠는가
나 같은 범인凡人이 그 앞에 서니
주눅이 들어서인가
얼굴만 붉어지네.

• 여성봉 : 도봉산 중턱에 있는 한 암봉의 이름으로 여성의 음부와 닮았다 하여 붙여진 이름.

# 1월 산에서

1월 산은
속살을 숨김없이 드러낸
원초적 모습이어서 좋다

매끈한 바위
선명한 능선
골 져 흐른 저 계곡도
촉촉하게 기름진 모습 그대로
적나라하게 보여주어서 좋다

장막을 걷고
훤히 드러낸 속살
바스락바스락
열애 중인 박새 한 쌍도
겨울 정취에 취해버린 1월 산
그 숲에 들어 하늘을 보니
세상이 다 내 것일세

# 2월 산에서

봄이 오려나
솔숲 사이를 스치는 바람결이
보드랍게 뺨에 와 닿는다

생강나무 진달래는
가지마다 봉긋한 젖 몽우리를 달고
금방이라도 풀어헤칠 듯
요염한 자세다

양지쪽 풀린 흙 속에서
포근한 낙엽 이불 속에서
도란도란
겨울잠 깬 씨앗들의
속닥거림이 들려오는
2월 산

봄이 오고 있나보다

# ◦ 꽃

온종일
산속을 헤매고 왔건만
눈을 감아도
그 지독한 그리움은 끝이 없고
토해낼 듯 솟구치는 갈망은
가슴을 태우네

# •개나리꽃

생의 울타리에서
칼바람 모진 세파 이기고
환한 꽃 피워본 적 있는가

삶의 언저리에서
보란 듯이 당당하게
승리의 황금종 울려본 적 있는가

환경을 탓하지 말고
인생 꽃 멋지게 피워보라네

• 우리나라 거의 모든 지역에서 자라는 물푸레나무과 개나리 속에 속하는 식물이다. 생장속도가 빠르고 추위와 공해에 잘 견디기 때문에 정원이나 공원, 길가의 울타리 담장 밑에 많이 심고 있다. 씨로 번식하기도 하지만 가지를 휘묻이하거나 꺾꽂이하기도 한다.

키는 3m 정도이며 많은 줄기가 모여난다. 잎은 타원형으로 마주나고 잎 가장자리는 톱니처럼 생겼다. 꽃은 노란색 통꽃이나 꽃부리의 끝이 4갈래로 갈라졌다. 개화 시기는 3월 말에서 4월 초, 개나리꽃의 꽃말은 '희망'이다.

## 생강나무꽃

삼월 초순
꽃샘바람 매서운 산비탈
생강나무꽃이
노랗게 피었습니다

눈부시게 샛노란 꽃무리
마른 가지 어디에서 저렇듯
진한 황금빛 꽃등을 수놓았을까

궁금한 마음으로 다가가
꽃잎에 가만히
코를 대어보니
정말 생강냄새가 납니다

겨울이면 고뿔에 좋다며
어머님이 끓여주시던
그 생강차 냄새가
그리움의 향으로 다가옵니다

• 생강나무는 녹나뭇과의 낙엽관목으로 한국, 일본, 중국의 산지 계곡이나 숲속 냇가에서 자란다. 3월 숲에서 자연 상태로 자라는 나무 중에 제일 먼저 꽃망울을 터뜨리는 나무가 바로 생강나무이다. 개나리 진달래 산수유가 이른 봄에 피는 꽃이라고는 하지만 사실 생강나무꽃에 비할 수 없다. 가느다란 잿빛 나뭇가지에 조그마한 꽃들이 금가루를 뿌려놓은 듯 점점이 박혀 있는 화사한 꽃 모양은 '봄의 전령'이라는 품위 유지에 부족함이 없다. 한번 피기 시작한 꽃은 거의 한 달에 걸쳐 피어 있으므로 나중에는 진달래와 섞여 숲의 봄날을 달구는 데 한몫을 한다.

생강나무는 가지를 꺾거나 꽃을 문지르면 생강 냄새가 나기 때문에 생강나무라고 하며, 키는 3~6m이고, 잎은 어긋나며 달걀 모양이다. 열매는 9월에 흑색으로 익고 나무껍질은 약재로 쓰이기도 한다.

생강나무는 꽃이 지고 나면 그 존재를 알 수 없을 만큼 숲에 파묻혀 버리지만, 이내 가을이 오면 또 제일 먼저 노랗게 단풍이 들어 숲속을 아름답게 수놓는다. 생강나무꽃의 꽃말은 '수줍음'이다.

## •제비꽃

꽃으로도 어여쁜
보랏빛 몸매
무엇이 부족하여
비상飛翔을 꿈꾸는지

금방이라도 솟구칠 듯
날렵한 자태

• 제비꽃은 제비꽃과에 속하며, 흔히 오랑캐꽃이라고도 불린다. 이외에도 바이올렛, 장수꽃, 씨름꽃, 오랑캐꽃, 병아리꽃 등 부르는 이름과 종류가 아주 많다.

제비꽃이라는 이름은 아름다운 꽃 모양이 물 찬 제비 같다는 뜻에서 붙여진 명칭으로 원줄기가 없으며 뿌리는 황백색 또는 황적색이다. 관상용으로 키우기도 하고 뿌리는 향료, 식용, 약용으로 이용되며, 어린잎과 꽃을 삶아 나물로 먹기도 한다. 우리나라와 중국, 일본, 시베리아 동부 등지에 분포하는 제비꽃의 꽃말은 '겸양'이다.

# 비와 *매실꽃

하얀 속살을
터질 듯 내민 꽃망울
이제나저제나 기다렸더니
오전 내 내리는 봄비에
흠뻑 젖고서야
벙긋 벙글어져 꽃을 피웠네

아, 예쁘고 아름다워라
저 작고 곱상한 것이
비의 애무를 받고서야 만개하다니
발칙하고 귀여워라

* 매실梅實나무는 장미과에 속하는 나무로, 매화梅花나무라고도 한다. 꽃은 3~4월에 잎이 나기 전에 피고, 열매는 6~7월에 동그랗게 익는다. 열매를 매실이라 하여 먹는다.

매화는 일지춘一枝春, 군자향君子香이라고도 한다. 예로부터 눈을 맞고 피는 설중매와 함께 난초, 국화, 대나무를 4군자라 하였으며 꽃말은 '충실'이다.

# •진달래, 그 그리움

온종일
산속을 헤매고 왔건만
눈을 감아도
그 지독한 그리움은 끝이 없고
토해낼 듯 솟구치는 갈망은
가슴을 태우네

갈참나무 뒤에서
바위틈 사이에서
여릿여릿 유혹하던
네 분홍빛
몸
짓

• 진달래꽃은 일명 참꽃이라고도 불리며 한자어로는 두견화杜鵑花라 한다. 우리나라 각처에서 자라는 식물로, 잎은 어긋나고 타원형이며 가장자리가 밋밋하다. 잎보다 꽃이 먼저 피는데, 제주도에서는 3월 초순이면 피며, 서울에서는 4월 중순에 활짝 피고 설악산과 한라산, 지리산 산정 가까이에서는 5월 말경에 활짝 핀다.

꽃 색도 다양하여 분홍색, 진분홍색, 흰색에 자주분홍색까지 있다. 꽃은 삿갓을 뒤집어 놓은 것같이 생긴 통꽃이며, 끝이 다섯 갈래로 갈라지고 열 개의 수술과 한 개의 암술이 들어 있다.

다양하게 피는 꽃 중에서 특히 한라산이나 설악산 산정 등에서 나는 꽃 색이 짙은 진달래는 털진달래라고 한다. 이것은 잎에 털이 많이 나 있다. 꽃이 흰 것은 흰진달래라 불리고 있다.

진달래는 꽃이 아름다워서 관상가치가 있고 또 다양하게 이용되고 있다. 삼월삼짇날에는 진달래꽃으로 만든 화전花煎을 먹으며 봄맞이를 하였고, 진달래꽃으로 빚은 진달래술은 봄철의 술로 사랑받았다. 진달래꽃의 꽃말은 '절제', '청렴', '사랑의 즐거움' 등이 있다.

# •벚꽃

한 해에 한 번 누리는 자유
붙박이 설움을 떨치고
먼 길 꽃잎 여행을 떠나기에
꽃은 화들짝 피어
일제히 하늘로 흩어진다

피고 지고
맺어야 할 시간이
언제나 주어진 것이 아니기에
꽃은 저리 화려한 단장을 하고
봄 마실을 나서겠지.

• 벚꽃은 벚나무 종의 나무에서 피는 꽃을 말한다. 히말라야 지역이 원산지이며, 현재는 북반구 전역에서 핀다. 4~5월에 분홍색 또는 백색의 꽃이 피며 지름은 3㎝ 정도이다.

벚꽃은 일본의 국화로 알려져 있으나 일본의 국화는 국화속이다. 우리나라에서 가로수나 공원에 흔히 심는 종류로는 왕벚나무, 산벚나무, 수양벚나무이며 꽃말은 '결박', '정신의 아름다움'이다.

# •자목련

자색 치마 날렵한 몸매
요염한 그 자태

백목련이 순결이라면
너는 정열이다

한 번쯤 네 그 유혹에
푹 빠지고 싶은

• 목련과에 속하는 교목으로, 목란木蘭, 자옥란紫玉蘭, 자옥련紫玉蓮, 두란, 목필, 가지꽃나무라고도 부르며, 키는 15m 정도 자란다. 잎은 길이가 8~18㎝로 어긋나며 모양은 도란형이다. 꽃은 백목련 보다 늦게 4~5월에 잎보다 먼저 피며, 꽃잎은 6장으로 겉은 짙은 자주색이지만 안쪽은 연한 자주색이다. 자목련의 꽃말은 '자연애'이다.

# •국수나무꽃

조팝꽃 이팝꽃 다 지고
뻐꾸기 구슬피 우는 산골에
국수나무꽃이 하얗게 덮였습니다
그 옛날 보릿고개 넘기면서
배곯았던 민초들
눈요기라도 실컷 하라며 주신
자연의 선물입니다

이른 봄부터
조밥 쌀밥 실컷 먹었으니
이제부턴 국수 먹으라며
산기슭 가득 흩뿌려 놓은
눈물 같은 서러운 꽃
그 국수나무꽃이
늦은 봄 어김없이 피었습니다

• 국수나무는 장미과의 잎 지는 갈잎떨기나무이다. 한국, 일본 등지에 널리 분포한다. 가지가 처음 자랄 때는 적갈색이지만 나이를 먹으면서 하얗게 변하여 가느다란 줄기 뻗음이 얼핏 국수 면발이 연상된다고 하여, 혹은 줄기 속의 굵고 하얀 모습이 마치 국수 같다고 하여 국수나무라고 부른다.

높이는 1~2m 정도이며 가지 끝이 밑으로 처진다. 잎은 어긋나고 달걀꼴이며 길이는 2~5㎝이다. 꽃은 원추꽃차례로 5~6월에 어린 가지 끝에 연노랑색(하얀색에 가까운 미색)으로 핀다. 열매는 둥글거나 달걀꼴이며 털이 있고 가을에 성숙한다. 씨는 광택을 띤다.

우리나라 식물의 이름 중 곡식과 관련된 이름(조팝, 이팝 등)이 많은 이유는 못 먹고 살던 시절 배고픔에 대한 허기를 눈요기로나마 달래 보고자 했던 바람이었다고 한다. 먹을 게 남아도는 지금 우리는 범사에 감사해야 할 일이다. 국수나무꽃의 꽃말은 '모정'이다.

# 덜꿩나무꽃

아!
저 꽃의 몸짓
저 꽃의 춤사위
저 꽃이 전하는 숲 이야기

우산을 펼친 듯도 하고
조각구름 몇 조각 떠도는 듯도 한
저 우아하고 맵시 있는 흰 꽃무리
숲의 화려한 무희舞姬

아직도
꽃이 자아내는 저 순수의 몸짓을
느껴보지 못한 자 있다면
어서 녹음 짙어가는 오월 숲으로 달려가
덜꿩나무꽃의 몸짓을 느껴보아라
꽃이 전하는 서정시에 흠뻑 취해 보아라
이 봄이 다 가기 전에

• 덜꿩나무는 쌍떡잎식물 꼭두서니목 인동과에 속하는 낙엽 활엽관목이다. 원산지는 대한민국이고, 일본과 중국에도 분포해 있다. 나무의 높이는 2m정도이다.

덜꿩나무는 늦봄에서 초여름에 걸쳐 손톱 크기의 하얀 꽃이 여러 개가 모여 우산모양의 정갈한 모양의 꽃을 피운다. 꽃이 지면 덜꿩나무는 잠시 다른 나무들의 푸름에 묻혀버린다. 잊고 있던 덜꿩나무가 다시 우리 눈에 들어오는 시기는 추석 전후, 콩알 굵기만 한 새빨간 열매가 꽃 핀 자리마다 송골송골 열린다. 육질이 많은 이 열매는 찬 서리가 내리고도 한참은 더 남아 있어서 배고픈 산새들의 고마운 먹이가 된다.

덜꿩나무라는 이름은 아무래도 꿩과 관련이 있는 것 같다. 들에 있는 꿩들이 좋아하는 열매를 달고 있다는 뜻으로 들꿩나무로 불리다가 덜꿩나무가 된 것으로 생각된다. 덜꿩나무의 꽃말은 '주저'이다.

# 때죽나무꽃

그 정도 미모이면
당당히 고개 들어 뽐낼 만도 하건만
한결같이 고갤 숙여
얼굴을 감추는 너

부끄러움이 많아서도
겸손해서도 아니지
지나는 산객들을
네 나무 그늘에 좀 더 가까이 불러
희고 해맑은 미소를 자랑하고 싶은
고도의 유인전략인 게야

발칙한 유혹이라니

• 때죽나무는 진달래목 때죽나무과의 나무이다. 때죽나무라는 이름은 가을에 땅을 향하여 매달리는 수많은 열매가 약간 회색으로 반질반질해서 마치 스님이 떼로 몰려있는 것 같은 모습에서 처음에 '떼중나무'로 부르다가 때죽나무가 된 것이라는 설이 있다. 한편, 열매 찧은 물로 물고기를 '떼'로 '죽'여 잡거나 줄기에 때가 많아 검게 보이는 데서 유래했다는 설도 있다.

때죽나무는 한국, 중국, 일본 원산이며 갈잎 큰키나무이다. 10~15m쯤 자라며 추위와 공해에 매우 강하다.

잎은 어긋나고 달걀 모양이거나 긴 타원 모양이며 끝이 뾰족하고 가장자리에 톱니가 조금 있다. 길이는 2~8cm이며 너비는 2~4cm 정도이고, 측맥은 4~6쌍이다.

5~6월에 잎겨드랑이에서 나온 총상꽃차례에 길이 1~2cm 정도의 조그만 흰색 꽃이 2~6개씩 매달려 피는데 고개 숙인 듯 아래를 향한다.

열매는 핵과인데 9월에 여물며 타원 모양이고 익으면 껍질이 불규칙하게 갈라진다. 때죽나무꽃의 꽃말은 '겸손'이다.

# •무궁화 꽃은 꽃이 아니라 혼魂이다

무궁화 꽃은 꽃이 아니라 혼魂이다
고대로부터 우리 민족의 가슴에
자부심과 긍지를 심어준 배달겨레의 꽃
바라만 보아도 가슴 뭉클해지고
애국심을 불러일으키는 호국의 꽃
화려함과 장엄함을 함께 지닌
무궁화 꽃은 꽃이 아니라 우리 민족의 혼이다

무궁화 꽃은 여름 한 철만 피지 않는다
봄부터 겨울까지 사시사철 핀다

"무궁화 꽃이 피었습니다"
"무궁화 꽃이 피었습니다"
어스름 골목 아이들 놀이에서 피고

"무궁화 삼천리 화려강산~"
학교에서 관공서에서 식장에서
애국가로 불리고 피는 민족의 꽃이다

언제나 우리의 가슴에 피어있는 꽃
시와 산문과 노래와 그림으로
읊고 부르며 꽃피우는 친근한 꽃

무궁화 꽃은 꽃이 아니라 우리 민족의 혼이다

* 우리나라의 나라꽃인 무궁화는 아욱과에 딸린 낙엽 관목으로 종류는 200여 종이나 된다. 대표적으로 원산지별로는 한국무궁화, 미국무궁화, 하와이무궁화로 나뉘며, 계통별로는 단심계, 아사달계, 배달계로 분류한다.

무궁화는 가지가 많은데 어린 가지에는 잔털이 많이 나 있으나 자라면서 없어진다. 키는 3m쯤 자란다. 잎은 어긋나기로 나고 달걀 모양이며 세 개로 갈라진다. 잎 끝은 뾰족하고 가장자리에는 톱니를 가지고 있다. 잎의 표면에는 털이 없으나, 뒷면 잎맥 위에 잔털이 있다.

꽃은 7~10월에 약 100일 동안 가지 끝에 매일 새 꽃을 피운다. 이 때문에 '끝없이 핀다'라는 의미로 '무궁화'라 불린다. 꽃의 색깔은 연분홍색이고 중심부가 붉게 물드는데, 전체가 희고 중심부가 붉은 것도 있다. 무궁화 꽃말은 '일편단심', '섬세한 아름다움'이다.

# •개망초꽃

세상에
이렇게 예쁜 꽃을 개망초라니
망할 망亡자로 부르는 것도 모자라
개자까지 앞에 붙여
온갖 수치와 치욕스런 이름으로
너를 부르는구나

가까이 가 얼굴을 보자
눈 맞춰 웃어보자
빙그레 웃는 해맑은 미소
아무리 봐도 나라를 망친 꽃 같진 않아
자르고 뽑아도 끊임없이 퍼져
한 해 농사를 다 망친다는
네 끈질긴 생명력
그 때문에 얻은 이름인 게야

그래
독하게 사는 것도 죄더냐
이름이야 뭐라 든

옹골지게 살면 그만이지
살아서 번성하면 되는 거지

* 개망초꽃은 북미 원산인 2년생 초본으로 우리나라 전국 각지의 길가나 빈터에서 흔하게 볼 수 있으며 전 세계 온대지방에 널리 분포한다.

원산지인 북미에선 '달걀꽃'이란 깜찍한 이름으로 불리지만 한일합방 당시 일본인들의 게다짝에 묻혀 들어와 나라를 망치게 했다 하여 망초란 이름으로 불리다가, 뽑고 자르고 불살라도 질기게 자라나는 습성으로 인해 농민들을 괴롭혀 농사를 망치게 하는 꽃이라 하여 개망초라고도 했다 하니 그 존재 자체가 무척 슬프게 느껴진다.

하지만 가까이 가 자세히 들여다보면 꽃이 얼마나 아름다운지 모른다. 마치 달걀을 깨트려 놓은 듯 둥그런 흰자 위에 탱탱한 노른자를 닮은 꽃. 개망초꽃의 꽃말이 '화해'이듯, 슬프고 수치스런 이름대신 원래의 이름 '달걀꽃'이라 불렸으면 하는 생각을 해 본다.

# 달개비꽃

아름답지 않은 꽃이
어디 있으랴
여름이면 풀 섶에
화려한 하늘빛 나래를 펼친
저 농익은 자태

닭의장 풀
달개비
닭의 밑씻개 등등
이름이 말해 주듯
늘 우리 곁에 있어 친근한 꽃이니
흔하디흔한 잡꽃이라
업신여기지 말고
하늘빛 미소에 취해 보아라

* 달개비의 원이름은 닭의장풀로, 닭의장풀과에 딸린 한해살이풀이다. 숲이나 길가에 흔히 나는 풀인데, 키는 15~50cm이며, 줄기는 마디가 굵고 길게 뻗는다.

잎은 어긋나기로 나며, 여름에 꽃이 피는데 세 장의 꽃잎으로 되어 있다. 그중 한 장은 밑에 붙는데 흰색이 나고, 나머지 두 장의 꽃잎은 보라색 또는 푸른색이 나며, 두 귀를 쫑긋 세운 것 같은 모습이다. 수술이 여럿 붙어 있지만 제대로 기능하는 것은 두세 개뿐이고, 나머지는 헛수술이다. 꽃은 하루 만에 시든다.

어린잎과 줄기는 먹을 수 있고, 꽃은 물감의 원료로도 쓰인다. 우리나라 중국 일본 만주 등지에 많이 분포한다.

지역에 따라 달개비, 닭개비, 닭의밑씻개 등으로 부르기도 한다. 닭장 부근에서 잘 자란다고 하여 이런 이름이 붙었다고 하는데, 자세히 보면 꽃 모양이 닭의 머리를 좀 닮은 것 같다. 달개비꽃의 꽃말은 '소야곡', '순간의 즐거움'이라 한다.

# 밤꽃

녹음이 짙어가는 6월 산
소쩍새 우짖는 음률을 타고
바람결에 흩어지는
저 비릿한 살 냄새

꽃이라 하기엔
그 모습이 민망스럽고
냄새 또한 비릿하여
향이라 부르기엔 너무 고급스러운
야릇한 네 모습

남이야 뭐라든
온산을 정념情念 속에 몰아넣고
보란 듯 뻐엉게 화분花粉을 흩뿌리는
그 육감적이고 저돌적인 기세
참 당당하고 힘차 보이는구나

그래
나무도 저리 하거늘

저 늙은 밤나무도

저리 기세 등등 하거늘

* 밤나무는 한국과 일본이 원산인 참나뭇과의 낙엽 고목으로 키는 20m 안팎이다. 잎은 어긋나는데 길쭉하고 타원형에 윤이 나며, 끝이 뾰족하고 잎 가장자리에 톱니가 있다. 나무껍질은 자줏빛이 도는 적갈색이다.

꽃은 6~7월 무렵에 암꽃과 수꽃이 길게 늘어져 무리 지어 피며 옅은 노란색을 띤다. 꽃 냄새는 마치 정액이나 락스와 비슷하게 구성된 독특한 냄새를 풍기는데, 밤꽃에는 정액에 포함되어있는 스퍼미딘과 스퍼민이 포함되어 있어 이와 비슷한 냄새가 난다고 한다.

열매인 밤은 9~10월 무렵 날카로운 가시로 둘러싸인 밤송이로 익는다. 밤송이 안에는 씨 한두 알 또는 세 알 정도가 들어 있다. 밤꽃의 꽃말은 '진심', '고운 마음'이다.

# 누리장나무꽃

사람이나 꽃이나
겉모습만 보고는 모르는가 봐
겪어봐야 속을 알고
가까이해야 깊이를 알 수 있으니

곱상한 얼굴
예쁘고 순박하게 생긴 네게서
고약한 누린내가 나다니
정말 믿기지 않아

사람이나 꽃이나
화려한 겉모습 보다는
내면에서 풍기는 기풍이
향기로워야 함을
속이 겉보다 아름다워야 함을
네게서 배우는구나

• 마편초과에 속한 낙엽활엽관목. 잎은 마주나며 잎자루에는 털이 잔뜩 나 있고 고약한 냄새가 난다. 어린잎은 나물로 먹으며 잔가지와 뿌리는 한방에서 기침이나 감창疳瘡을 치료하는 데 쓴다.

꽃은 8～9월에 가지 끝에 취산꽃차례를 이루며 무리지어 피는데, 연한 분홍색의 통꽃이 5갈래의 꽃부리로 갈라졌다. 수술과 암술은 갈라진 꽃부리 밖으로 나와 있다. 열매는 핵과로 10월에 진한 남빛으로 익고 붉은색으로 변한 꽃받침 위에 달린다.

누리장나무라 불리는 이유는 말 그대로 누린내가 나기 때문이다. 짐승의 고기에서 나는 기름기 냄새를 누린내라 하는데, 사람들은 이 냄새를 싫어하여 고기를 요리할 때는 누린내를 줄일 수 있는 여러 가지 방법을 동원한다. 누리장나무는 이런 누린내가 난다. 북한에서는 아예 누린내나무라 하고, 중국 이름은 냄새오동, 일본 이름은 냄새나무다. 참으로 이름만 들어도 그 냄새가 어떠한가를 알 수 있다.

그럼에도 불구하고 누리장나무 꽃말은 의외로 '친애', '깨끗한 사랑'이라한다.

# 까치수영꽃

풀벌레 노래하는
여름 풀 섶
유난히 눈에 띄는
날렵한 몸매

밤이면
작은 별 불러 모아
촘촘하게 하얀 꽃 수놓는
아름다운 네 모습
숲 속의
미
리
내

* 까치수영은 앵초과의 여러해살이 풀꽃으로 햇빛이 잘 드는 풀밭이면 어디서나 잘 자라는 편으로 어렵지 않게 볼 수 있다. 꽃이 풍족하고 잘 여문 이삭처럼 보이나 실상은 먹을 수 없는 실속 없는 꽃이라 하여 까치수영이란 이름이 붙었다. 설날 하루 전을 까치설날이라 부르는 것과 같은 발상이다. 여기서 수영秀穎이란 '잘 여문 이삭'이란 뜻의 한자어이다. 즉 가짜이삭이란 뜻이다. 그런데 흔히 까치수염꽃이라 부르기도 하는데 이는 까치수영꽃을 잘못 부르는 것이다. 실제 까치는 수염도 없을뿐더러 까치수영꽃의 그 어느 곳도 까치와 닮은 곳은 없다.

까치수영꽃은 진주화, 홀아빗대, 진주채 등으로 불리기도 하며, 화서가 꼬리처럼 길게 옆으로 굽어서 개꼬리풀, 낭미화라는 이름으로도 불린다.

높이 50~100cm이며 풀 전체에 잔털이 난다. 6~8월에 흰색 꽃이 5~12개 줄기 끝에서 산형꽃차례로 피는데 꽃차례는 꼬리 모양이고 꽃 지름은 7~12mm이다.

까치수영도 그 종류가 여러 가지인데 큰까치수영과 까치수영이 있고, 바닷가에서 자라는 갯까치수영, 남부 지방의 습지에서 자라며 꽃 이삭이 곧게 서는 진퍼리까치수영 등이 있다. 이 중 큰까지수영꽃이 우리가 가장 흔하게 볼 수 있는 꽃으로 고도가 높은 산지에서 흔하게 볼 수 있다. 까치수영은 큰까치수영에 비해서 고도가 낮은 곳에 드물게 자라며, 잎의 폭이 좁고, 줄기와 잎 양면에 털이 많이 나 있는 것이 특징이다. 까치수영꽃의 꽃말은 '달성' 이라한다.

# • 노린재나무꽃

떡갈나무
그늘 아래
흰 솜뭉치 얹은 저 나무

푸른 숲에
둥실둥실
운치도 그만이니

오월의
성탄 트리
아름답고 신비스러워

* 노린재나뭇과에 속한 낙엽 관목. 또는 소교목 활엽수이며, 잎은 어긋나고 타원형이며 가장자리에 톱니가 있다. 5월에 흰 꽃이 원추 꽃차례로 피며 열매는 9월에 하늘색으로 익는다.

녹음이 짙어 가는 늦봄의 끝자락인 5월 말이나 6월 초쯤이면 숲속의 큰 나무 밑에서 새하얀 꽃 뭉치를 잔뜩 달고 있는 자그마한 노린재나무를 흔히 만날 수 있다. 다섯 장의 갸름한 꽃잎 위로 노란 꽃 밥과 긴 대궁을 가진 수술이 수십 개씩 뻗어 있어서 꽃잎은 묻혀 버리고 작은 솜꽃이 몽실몽실 피어나는 듯하다. 게다가 은은한 향기도 갖고 있어서 등산객의 발길을 멈추게 한다.

꽃이 지고 나면 팥알보다 좀 굵은 갸름한 열매가 열린다. 초가을에 들어서면서 익어 가는 열매의 색깔로 노린재나무의 종류를 구분하는 기준으로 삼는다. 열매가 짙푸른색이면 노린재나무, 검은 빛깔을 띠면 검노린재나무, 푸른색이 너무 진하여 거의 검은빛을 띠면 섬노린재나무다.

노린재나무란 이름은 황회목黃灰木에서 유래되었으며, 특별한 쓰임새가 있다. 자초紫草나 치자 등 식물성 물감을 천연섬유에 물들이려면 매염제媒染劑가 반드시 필요하다. 노린재나무는 전통 염색의 매염제로 널리 쓰인 황회를 만들던 나무다. 잿물이 약간 누런빛을 띠어서 노린재나무란 이름이 붙여진 것으로 보인다. 노린재나무 꽃말은 '동의'이다.

# 억새꽃

무거운 마음 풀 곳 없을 때
가을 산에 올라
억새꽃을 만나보라

바람결에 쉼 없이 흔들리는
저 은빛 너울
흔들리고는 있으나
바람에 구속拘束되지 않은
풀어헤친 자유

그리 살면 되는 거라고
저렇게 풀어헤쳐 흔들리며
순리에 맡겨 살아가라고
어렵게 억지로 살지 말라고
말없이 보여주고 있지 않는가

• 전국 산야의 햇빛이 잘 드는 풀밭에서 큰 무리를 이루고 사는 대형 여러해살이풀이다. 줄기는 마디가 있는 속이 빈 기둥 모양이고 곧게 서며 키가 1~2m 정도 된다. 굵고 짧은 땅속줄기가 있으며, 여기에서 줄기가 빽빽이 뭉쳐난다.

잎은 길이 50~80cm, 폭 0.7~2cm로 줄처럼 납작하고 길며, 가장자리가 까칠까칠하고 밑 부분에는 잎 집이 줄기를 싸고 있다.

꽃은 9월에 줄기의 끝에서 부채모양으로 달린다. 꽃에는 가늘고 끝이 뾰쪽한 작은 이삭들이 밀집하여 달리고 낱꽃의 밑에는 황백색의 털이 있다.

억새와 비슷한 종으로 갈대와 혼동하는 사람들이 많이 있는데, 억새는 산, 갈대는 습지에서 서식하는 것으로 구분한다. 억새꽃의 꽃말은 '은퇴'이다.

**초판 1쇄 인쇄** 2017년 03월 17일
**초판 1쇄 발행** 2017년 03월 23일

**지은이** 선중관
**펴낸이** 김양수
**표지 본문 디자인** 곽세진

**펴낸곳** 도서출판 맑은샘 **출판등록** 제2012-000035
**주소** (우 10387) 경기도 고양시 일산서구 중앙로 1456(주엽동) 서현프라자 604호
**대표전화** 031.906.5006 **팩스** 031.906.5079
**이메일** okbook1234@naver.com **홈페이지** www.booksam.co.kr

ISBN 979-11-5778-197-3 (03800)

*이 책의 국립중앙도서관 출판시도서목록은 서지정보유통지원시스템 홈페이지(http://seoji.nl.go.kr)와 국가자료공동목록시스템(http://www.nl.go.kr/kolisnet)에서 이용하실 수 있습니다. (CIP제어번호 : CIP2017007055)